TODO SOBRE

AUTO-RESPONDER

Gana más dinero en tu negocio

PRÓLOGO

Para un negocio en Internet que va en crecimiento, un Auto-responder (auto-contestador) es imprescindible. Si tratas con muchos clientes, encontrarás que esta herramienta es muy valiosa. No importa qué tipo de compañía tengas en línea, un Auto-responder te ayudará a sobresalir entre la multitud y te mantendrá con buena apariencia día y noche.

Cuando los clientes te envíen un correo electrónico y obtengan una respuesta inmediata, no lo olvidarán. Si eres dueño de un negocio en línea, un Auto-responder es algo en lo que definitivamente deberías invertir.

Los Auto-responder también pueden ser usados para rastrear tus promociones y cuán efectivas son. Son utilizados por algunas de las compañías en línea más grandes y populares, y por una buena razón. Simplifican las necesidades de tu negocio y tendrás más tiempo para dedicarte a otras cosas.

Lo que muchos no saben es, que los Auto-responder tienen muchos otros usos además de responder los correos electrónicos. También te dan la oportunidad de enviar correos electrónicos a clientes potenciales sobre futuros productos, ofertas especiales, muestras gratuitas y cualquier otra cosa que consideres importante para tus visitantes.

Con el Auto-responder, automatizas las respuestas para todos tus clientes por medio del correo electrónico, permitiendo un servicio funcional y fácil de usar para tu beneficio. Este programa agilizará tu negocio, liberando tu tiempo para concentrarte en otras áreas importantes del negocio.

Si acabas de empezar tu negocio en línea o has decidido entrar en el marketing de afiliados, estarás buscando ganar dinero. Ganar dinero en la red con tu nuevo negocio puede ser un poco difícil, a menos que tengas un Auto-responder.

Los auto contestadores también pueden ayudarle a enviar cursos gratuitos, artículos e información, sobre tus productos y servicios, listas de precios, cartas de bienvenida y de agradecimiento, confirmar pedidos y comunicar a otros tus tarifas de publicidad.

INDICE

- LA MAGIA DE LAS RESPUESTAS AUTOMÁTICAS.

- ESCRIBIR MENSAJES DE SEGUIMIENTO PARA LOS AUTO-RESPONDER.

- INVESTIGANDO A LOS AUTO-RESPONDER.

- AUTO-RESPONDER DE CORREOS AUTOMÁTICOS, ALOJADOS LOCALMENTE.

- TE VES BIEN CON LAS RESPUESTAS AUTOMÁTICAS.

- SECRETOS DEL ÉXITO CON LOS AUTO-RESPONDER.

- TIPO DE AUTO-RESPONDER PARA LA COMERCIALIZACIÓN EN INTERNET.

- ACERCA DE LOS AUTO-RESPONDER.

- USO DE ARTÍCULOS CON AUTO-RESPONDER.

- USO DE LOS AUTO-RESPONDER PARA MANTENERTE AL DIA CON EL CORREO ELECTRÓNICO.

- USO DEL AUTO-RESPONDER CON MARKETING EN INTERNET.

Lo que necesitas saber acerca de los Auto-responder.

Internet es un gran lugar para los negocios en estos días. Hay cientos de miles de empresas en Internet, anticipándose con entusiasmo a su negocio. Con la mayoría de las compañías tratando con cientos y cientos de clientes diariamente, algunos se preguntan cómo lo hacen. Cuando analices los aspectos básicos, verás que la mayoría utiliza auto contestadores: herramientas muy ingeniosas que pueden ayudarte en una variedad de tareas.

Una vez que tengas un auto contestador instalado en tu sitio web, podrás ganar dinero, aunque no estés allí. Puedes salir con tu familia o hacer otras cosas, mientras que tu auto contestador atrae visitantes a tu sitio web y te hace ganar dinero. Normalmente, la gente no compra nada en su primera o segunda visita a un sitio web. A la mayoría le gusta comparar y encontrar la mejor oferta por su dinero. Los Auto-responder pueden ser considerados como vendedores baratos, ya que harán un seguimiento de tus clientes potenciales aparte de mantener su interés.

Cuando alguien visita tu sitio web y le gusta lo que ve, normalmente se inscribe en tu lista de clientes. Si no tienes una lista de clientes, debes invertir en una inmediatamente. Un cliente, o lista de inclusión, es el corazón y el alma de tu empresa. Esta lista contendrá todos y cada uno de tus clientes, y es también la base de datos principal para un auto contestador.

Los Auto-responder pueden ser usados para enviar mensajes preestablecidos cuando quieras. Uno de los mejores de la red es www.automatic-responder.com, que ofrece una cuenta de prueba gratuita. Pueden informar a tus clientes de las noticias, los próximos productos, y responder a la mayoría de las preguntas. Los Auto-responder pueden ser considerados como un vendedor, ya que permiten a los clientes conocer los productos, las características de los mismos y cómo se beneficiará el cliente al usar el producto. Además, los auto contestadores también mantendrán a tus clientes al día y les hará un seguimiento para asegurarse de que se sienten especiales.

El simple hecho de tener un sitio web no es suficiente en estos días. Hay millones y millones de sitios web en Internet, cientos de los cuales ofrecen los mismos productos y servicios que tú. Tienes mucha competencia, sin importar lo que estés ofreciendo. Para tener éxito hoy en día, te destacarás entre el resto y ofrecerás a tus clientes más que la competencia. Tener la ventaja sobre la competencia significa que tendrás más tráfico, lo que resulta en más ventas.

Aunque los auto contestadores pueden ayudarte mucho, no pueden hacerlo todo ellos mismos. Ellos manejarán virtualmente todas sus tareas relacionadas con el correo electrónico, te ayudarán a ganar tráfico, y mantendrán a tus clientes informados con todo lo que sucede en tu compañía. Para sacar el máximo provecho de tu auto contestador, tendrás que asegurarte de utilizarlo cada vez que puedas. Son programas muy útiles y pueden hacer la vida de tu negocio más fácil que nunca antes, si los dejas.

Aprovechando al máximo las respuestas de los Auto-responder.

Si has creado un sitio web y has comenzado a agregarle tu contenido, lo más probable es que también hayas creado algunos enlaces y enviado algunos artículos a los principales motores de búsqueda. Después de haber hecho todo lo anterior, el siguiente paso lógico, que muchos pasan por alto, es llevar tu negocio al siguiente nivel con un auto contestador. Es estupendo tener estas herramientas, aunque muchos simplemente las pasan por alto.

A menudo, alguien visitará tu sitio web a través de un enlace o un motor de búsqueda. En muchos casos, un comprador potencial mirará alrededor de tu sitio y encontrará exactamente lo que ha estado buscando. A veces, el comprador se distraerá con otras cosas y abandonará el sitio antes de realizar una compra. Hay muchas razones por las que un comprador potencial podría dejar tu sitio por accidente antes de hacer una compra, aunque tu puedes capitalizar y aprovechar al máximo esta oportunidad con el uso de un auto contestador.

Al capturar la dirección de correo electrónico del visitante, un auto contestador le dará la oportunidad de contactar al comprador potencial en el futuro y capitalizar la venta que perdió antes. Aunque los auto contestadores son conocidos principalmente por su capacidad de responder automáticamente al correo electrónico, también son más flexibles, permitiéndote hacer mucho más. Si usas tu auto contestador de manera creativa y productiva, ganarás más clientes potenciales de lo que nunca imaginaste.

Los mejores auto contestadores que existen administrarán tu lista de clientes y continuarán haciendo un seguimiento de los clientes que se han inscrito en tu lista. También puedes mantener tu lista de Auto-responder actualizada con nuevos productos y servicios. Estos programas crecerán contigo, permitiéndote construir una reputación en tu área de negocios y convertirte en un experto con el tiempo.

A través del uso de un auto contestador y un programa de afiliados puedes contactar a tus afiliados de manera rápida y fácil para informarles sobre nuevas ofertas que tengas u ofrecerles nuevo material que puedan utilizar para ayudarles a vender tus productos para aumentar tus ventas y sus comisiones. También puedes enviar correos electrónicos de difusión a tus afiliados, proporcionándoles consejos y asesoramiento útil que les ayudará con la venta de tus productos.

Los auto contestadores son también una gran manera de proporcionar publicidad. Si alguien está interesado en anunciarse en tu sitio web, puedes usar el auto contestador para enviar automáticamente un correo electrónico detallando el costo de la publicidad y cómo el individuo puede averiguar más sobre ello también. Esto es un gran activo, especialmente si ganas mucho dinero con la publicidad en tu sitio web.

Otra manera de aprovechar al máximo tu auto contestador es permitiendo a tus visitantes probar lo que tienes para ofrecer y la calidad de tus productos o servicios. Si planeas enviar muestras, debes evitar que parezca una carta de ventas. Si lo haces, normalmente terminarás perdiendo más negocios de los que ganas. A la mayoría de los compradores no les gusta recibir cartas de venta, y evitarán hacer negocios contigo si reciben una carta de venta.

Incluso si nunca has usado un auto contestador antes, puedes encontrar muchos usos diferentes para él. Los auto contestadores son excelentes para muchos propósitos diferentes, además de responder correos electrónicos. También hay varios tipos para elegir, lo que te da muchas oportunidades para tu negocio. Todo lo que necesitas hacer es seleccionar el tipo que mejor se adapte a ti, y luego descubrir más y más formas creativas de usarlo en tu beneficio.

Aumentar tus ventas con los Auto-responder.

El auto contestador es, sin duda, una de las mejores herramientas de marketing que puedes conseguir. Es una aplicación ampliamente utilizada que responderá automáticamente a cualquier correo electrónico que recibas. Se considera que son mágicos de hecho, activados por un email en blanco que reciben en su dirección. Una vez que reciben este correo electrónico, automáticamente comienzan a trabajar para tu negocio.

Cuando alguien envía un mensaje al auto contestador, el individuo que lo envió recibirá un mensaje de correo electrónico preestablecido con la información que buscaba. Dependiendo de los servidores y de la velocidad de Internet, la respuesta del correo electrónico se producirá muy rápidamente. Los Auto-responder siempre se han caracterizado por su rapidez y sus respuestas rápidas a cualquier tipo de mensaje de correo electrónico que reciban.

Una de las mejores cosas de las respuestas automáticas es el hecho de que siempre están disponibles. Siempre están ahí 24/7, proveyendo a tus clientes y consumidores con la información que buscan. Harán la vida de tu negocio más fácil, al aumentar tus ventas. Requieren poco trabajo de tu parte, pero son fáciles de operar. También pueden hacer que la gestión de tus clientes y usuarios sea más fácil que nunca, ya que te ayudarán a hacer un seguimiento de tus respuestas y a mantenerte al día con las direcciones de correo electrónico que recibas.

Incluso si nunca has usado un auto contestador, puedes usarlo fácilmente para tu ventaja con tu negocio en línea. Puedes preprogramarlo para que de una variedad de mensajes, incluso informar a tus clientes sobre futuras ofertas y productos. Esta es una excelente manera de hacer llegar tu mensaje, especialmente si actualmente tienes una venta u otra oferta que sabes que la gente no querrá perderse. Los auto contestadores trabajarán para ti, día y noche, poniendo la información de tu empresa a disposición de cualquiera cuando lo desees.

Contrariamente a la creencia popular, no todos los compradores son compradores impulsivos. La investigación ha demostrado que menos del 15% de los que visitan los sitios web son compradores por impulso. Aunque la mayoría de los sitios web se centran en conseguir que los visitantes compren sus productos inmediatamente, la mayoría de los compradores necesitan tiempo para pensar en un producto u ofrecer que lo comprarán. A la mayoría de los compradores no les gusta comprar algo inmediatamente, simplemente porque no están familiarizados con el producto o no saben lo que puede hacer por ellos. Por lo tanto, la mayoría de los compradores aprenderán todo lo que puedan acerca de algo antes de decidirse a comprarlo.

También puedes utilizar un auto contestador para distribuir cursos, artículos o informes a sus clientes y suscriptores. También son excelentes para proporcionar información gratuita a las personas interesadas, o para enviar inmediatamente información sobre tus productos y oportunidades. También puedes elegir enviar listas de precios o dar la bienvenida a nuevos clientes a tu organización. Si los clientes te han comprado antes, puedes utilizar un auto contestador para enviar confirmaciones, notas de agradecimiento e incluso ofrecer descuentos a quienes compren tus productos.

En el mundo de la comercialización por Internet, es simplemente beneficioso tener un Auto-responder. Valen más que el precio que pagas por ellos, simplemente porque te proporcionarán mucho por tan poco. Uno de los mejores en el negocio es www.Automatic-Responder.com. Enviar información es fácil con un auto contestador, ya que proporcionará información sobre tu empresa y tus productos a los clientes interesados en el momento en que la necesiten.

Con todo, un auto contestador te ayudará a operar tu negocio más fácilmente que nunca. A diferencia de otros programas que puede obtener para tu negocio en línea, los auto contestadores te mantendrán en un estado constante de preparación. Puedes sentirte libre de salir y hacer lo que quieras y tener la seguridad de que tu auto contestador estará allí para suministrar información a aquellos que la necesiten.

Elección del software del Auto-responder

Puede ser una tarea algo difícil y que lleva mucho tiempo encontrar el auto contestador adecuado. Hay muchas opciones disponibles en Internet, cada una de las cuales varía en precio y características. Antes de que decidas comprar tu propio auto contestador, debes pensar primero en tu presupuesto y en tus necesidades. De esta manera, sabrás lo que quieres y cuánto estás dispuesto a gastar.

Primero, tendrás que decidir las características que quieres. Luego, tendrás que ver algunos de los diferentes tipos de auto contestadores disponibles en el mercado. También tendrás que decidir qué tipo es el adecuado para ti, y qué marca crees que funcionaría mejor. Puede responder a estas preguntas comparando diferentes marcas, precios, características y restricciones de licencia.

Para una empresa, los auto contestadores pueden ser excelentes. Como la mayoría de nosotros ya sabemos, los auto contestadores son programas que enviarán una respuesta automática por correo electrónico a una dirección específica. En la mayoría de los casos, la respuesta que recibes de un auto contestador de correo electrónico es corta y dulce, y normalmente te hace saber que alguien está de vacaciones, lejos de su computadora, o que ha recibido tu mensaje.

El único problema real de los auto contestadores es el hecho de que responderán a cualquier correo electrónico que reciban. Si estás suscrito a una lista de correo y usas tu dirección de auto contestador para inscribirte, puede crear fácilmente un problema. Cada vez que alguien te envía un correo electrónico a tu dirección de respuesta, te enviará una respuesta automática. También puede carecer de características importantes que necesitas para hacer un seguimiento de tus clientes o suscriptores también.

Para el gurú del marketing en Internet, existen auto contestadores secuenciales. Estos tipos de auto contestadores están diseñados para recolectar diferentes direcciones de email y luego enviar una variedad de mensajes predeterminados a través del email a los suscriptores que tienes en tu lista. Si tienes un auto contestador secuencial y lo usas correctamente, puede ayudarte a traer más visitantes. Puede ser una herramienta muy útil, especialmente si trabajas con muchos clientes. Puede ayudarte a hacer un seguimiento de los suscriptores, así como mantenerlos informados sobre lo que está pasando con tu negocio.

En toda la Internet hay muchos tipos de auto contestadores. Van desde programas basados en la web hasta scripts o programas que se ejecutan a través de su computadora o servidor personal. Un auto contestador será una parte importante de tu negocio en línea, por lo que siempre debes dedicar tiempo y esfuerzo a encontrar el mejor para tu bolsillo. Si investigas y te esfuerzas por encontrar tu auto contestador ideal, te ahorrarás mucho tiempo y dolores de cabeza a largo plazo.

Básicamente, hay tres tipos principales de auto contestadores entre los que puedes elegir: remoto, local y de escritorio. Los alojados remotamente se alojan en el servidor o sitio web de otra persona. El hospedaje local te permitirá trabajar con programas para tu propio servidor web. Los programas de escritorio, por otro lado, te permitirán trabajar desde tu propio ordenador. La mayoría de la gente elige ir con el alojamiento local, ya que hace las cosas mucho más fáciles.

Antes de decidir qué tipo de auto contestador comprar, debes asegurarte de que entiendes lo que cada tipo te ofrecerá. Hay una variedad de auto contestadores para elegir, lo que significa que algunos pueden no ofrecer lo que estás necesitando. Siempre puedes investigar cada tipo y luego comparar precios y características. De esta manera, sabrás qué tipo de auto contestador funcionará mejor para tus necesidades, así como para tu negocio.

Cómo funcionan las respuestas automáticas.

En algún momento de nuestras vidas en Internet, la mayoría de nosotros hemos recibido un mensaje de un auto contestador. Podría haber sido una respuesta corta haciéndote saber que el individuo está ausente, o un correo electrónico agradeciéndote por algo que has hecho. Tal vez fue incluso un correo electrónico que te informó sobre los próximos productos, o incluso un correo electrónico que te hizo saber que un mensaje que trataste de enviar no pudo ser entregado.

Cada uno de estos mensajes no es más que una versión diferente de un útil programa conocido como auto contestador. Los auto contestadores son herramientas muy útiles, ya que enviarán automáticamente una respuesta a cualquier correo electrónico que reciban. La respuesta que envían, sin embargo, dependerá de los mensajes con los que el programa esté configurado. Las auto contestadoras son muy flexibles, y la mayoría contienen una variedad de mensajes preestablecidos.

Las primeras auto contestadoras se usaron con proveedores de correo electrónico o agentes de transferencia de correo electrónico. Cada vez que un correo electrónico enviado no podía ser entregado al destinatario, le enviaba una respuesta automática que le hacía saber que su correo no podía ser entregado. Aunque estos programas eran algo útiles, no eran tan sofisticados.

A lo largo de los años, los auto contestadores han cambiado bastante, demostrando ser muy útiles para las grandes empresas e incluso para el marketing en Internet. Hoy en día, los Auto-responder son usados por negocios y compañías para dar respuesta inmediata y retroalimentación a clientes y suscriptores interesados. Esto puede incluir una respuesta sobre programas, información sobre precios, detalles específicos sobre un producto, e incluso un momento en que alguien de la empresa puede ponerse en contacto con el cliente.

En el mundo de la comercialización por Internet, mantenerse en contacto con los clientes es más fácil que nunca con un auto contestador. Te ahorrarán bastante tiempo, especialmente si piensas en el tiempo que te llevaría enviar personalmente respuestas por correo electrónico a todos y cada uno de los correos electrónicos que recibas. Si tienes un negocio, probablemente recibas cientos de correos electrónicos al día. Un auto contestador puede simplificar tu vida, enviando un mensaje de respuesta preestablecido a todos y cada uno de los correos electrónicos que recibes.

Puedes configurar un auto contestador usando uno o dos métodos - un modelo ASP subcontratado y un modelo de servidor. Cuando se utiliza un modelo ASP subcontratado, la empresa que desea utilizar el auto contestador contratará su modelo de negocio a través de un proveedor externo. Este proveedor externo dará entonces a la empresa usuario acceso a un sistema basado en la web, o panel de control. Desde el panel de control, la empresa o el individuo puede configurar el auto contestador, preestablecer mensajes y decidir cómo el auto contestador manejará los diferentes tipos de correos electrónicos.

Los auto contestadores del lado del servidor son un poco diferentes. Básicamente, son programas que una compañía o individuo se instala y lo ejecuta en su propio ordenador o servidor. Puedes ahorrar dinero con estos programas, ya que no tienes que pagar a un proveedor para que opere el auto contestador. Aunque los auto contestadores del lado del servidor no eran fáciles de usar al principio, se han vuelto cada vez más fáciles de operar con el paso de los años, y ahora son el tipo de auto contestador más popular.

En realidad, es estupendo tener auto contestadores. Son muy confiables, y pueden fácilmente ahorrarte mucho tiempo. La forma en que funcionan los diferentes tipos puede ser un poco desconcertante, aunque la mayoría son fáciles de usar y fáciles de implementar en tu sitio web. Si eres dueño u operas un negocio en línea - un auto contestador es algo en lo que nunca deberías escatimar.

Consejos para seleccionar un Auto-responder.

Cualquiera que posea un sitio web puede obtener un mundo de beneficios de un auto contestador. Si eres dueño de un sitio web, probablemente tengas cientos de visitantes a diario. A través del uso de un auto contestador, puedes tomar sus direcciones de correo electrónico y contactarlos en cualquier momento que desees. Aunque un auto contestador es una gran cosa, debes ser muy cuidadoso cuando escojas uno para tu sitio web.

Cuando seleccionas tu auto contestador, quieres adquirir uno, de una compañía que tenga un historial de ser estable y confiable. Ha habido varias compañías en el pasado que han quebrado, tomando listas de clientes y dejando a los que tienen sus Auto-responder colgados. Esto puede ser muy devastador para una compañía, y deberías evitarlo a toda costa. Siempre debes elegir una compañía en la que puedas confiar, y nunca ir por el precio. Si tratas de ahorrarte algo de dinero, podrías terminar pagándolo en el futuro.

Si diriges una gran empresa, querrás un auto contestador que admita varias listas y te permita hacer un seguimiento de los clientes tantas veces como desees. Un auto contestador puede hacer más que sólo responder correos electrónicos, por lo que debes prestar mucha atención a las características. Aunque ahora tengas un solo sitio web, querrás planear con anticipación el futuro en caso de que decidas tener más de un sitio.

Si no sabes mucho de computadoras, querrás elegir un auto contestador que sea fácil de configurar. Los auto contestadores no técnicos son siempre los mejores, ya que prácticamente cualquiera puede instalarlos. La integración también es importante, especialmente si tienes muchos otros componentes en tu sitio web, como un carrito de compras o una caja. Si estás pagando por el alojamiento con tu sitio web, deberías comprobar y ver si el paquete viene con un auto contestador.

Para muchos, el precio es un factor muy importante. Si no tienes mucho dinero para gastar, esto será una consideración crucial. Aunque hay auto contestadores gratuitos por ahí, no deberías usarlos, ya que vienen con anuncios y otras molestias. Si buscas en Internet, es posible que encuentres un paquete completo que te ofrece alojamiento web y un auto contestador juntos por un precio bajo. El ahorro aquí puede ser muy bueno, especialmente si usas una opción a largo plazo.

Si te tomas tu tiempo y eliges un auto contestador confiable, le ahorrarás a tu compañía y a ti mismo mucho dinero a largo plazo. Comprar o descargar un auto contestador gratuito o barato nunca es una buena idea, ya que terminará costándote tanto dinero como tiempo. La manera ideal de encontrar el mejor auto contestador es sopesar tus opciones, tomarte tu tiempo, y seleccionar el mejor auto contestador para tu compañía.

Cosas que hay que saber cuándo se usan las respuestas automáticas.

Para ayudar a aumentar el flujo de tráfico a su sitio web, nada supera a un auto contestador. Estos programas pueden ahorrarte mucho tiempo al responder la mayoría de tus correos electrónicos automáticamente. Pueden manejar preguntas de soporte al cliente, preguntas relacionadas con el producto, o proporcionar información sobre tu compañía y servicios. Si eres dueño de un negocio en línea, un auto contestador es algo en lo que definitivamente deberías invertir.

Los Auto-responder también pueden ser usados para rastrear tus promociones y cuán efectivas son. Hoy en día, los auto contestadores son una de las mejores herramientas que puedes obtener para tu negocio en línea. Son utilizados por algunas de las compañías en línea más grandes y populares, y por una buena razón. Simplifican tu vida con tu negocio y te dan más tiempo para dedicarte a otras cosas.

Si estás planeando enviar tu sitio web a los motores de búsqueda como Google o Yahoo, debes saber que la mayoría de los motores de búsqueda utilizan auto contestadores. Por lo tanto, si intenta contactar con los motores de búsqueda utilizando tu auto contestador, se pondrán en contacto con los suyos y tu tendrá una respuesta interminable de correos electrónicos que finalmente inundarán tus dos buzones de correo electrónico.

Bajo ninguna circunstancia, debes usar tu auto contestador para suscribirse a foros u otro tipo de suscripciones de discusión. La mayoría de las veces, estos grupos de discusión y demás te enviarán por correo electrónico actualizaciones sobre nueva información. Si te has suscrito con una dirección de auto contestador, tu auto contestador te enviará una respuesta cada vez. Esto puede ser muy molesto, y la mayoría de las veces terminarás siendo anulado de tu suscripción. En este caso, puede ser muy difícil para el administrador o webmaster determinar quién está usando el auto contestador. Por lo tanto, para facilitar las cosas, nunca debes usar tu auto contestador con ninguna suscripción.

Hay algunas compañías que se aprovechan completamente de los auto contestadores. Usarán tu auto contestador para responder a mensajes automatizados, los cuales se suscribirán automáticamente a la dirección "de" en tu lista de correo. Esta es una forma totalmente equivocada de usar el auto contestador, y aquellos que lo usan de esta manera están mostrando una imagen muy negativa. Usar tu auto respuesta de esta manera enviarás una imagen negativa en lugar de positiva. En lugar de difundir buenas noticias sobre ti y tu empresa, la gente se molestará y difundirá la palabra de que seas evitado.

Siempre que uses tu Auto-responder, debes ser cortés con tus clientes y visitantes. Los auto contestadores están pensados para ayudar a tu empresa a crecer y a difundir información sobre tus servicios, productos y tu empresa. Hay muchas formas creativas e innovadoras de utilizar esta herramienta, siempre y cuando lo hagas de la manera correcta. La mayoría de los clientes saben cuándo están recibiendo un mensaje de auto contestador, y si no lo utilizas de la manera correcta, ellos lo sabrán. Aunque siempre puedes cambiar o añadir a los mensajes preestablecidos; la mayoría contienen una firma y dirección únicas que siempre se asociarán a los Auto-responder.

Internet es una de las mejores formas de hacer negocios y promover tus productos. Las respuestas automáticas pueden ayudarle a ahorrar mucho tiempo, aunque si las utilizas de forma incorrecta, acabarán dándote una imagen negativa. Si sabes que lo estás utilizando de manera incorrecta y continúa, con el tiempo perderás muchos negocios y tu empresa sufrirá mucho. Por otro lado, si siempre piensas en términos de cortesía hacia tus clientes, tu auto contestador puede ayudarte a obtener muchos negocios y establecer relaciones con clientes que siempre difundirán la información sobre tu empresa.

El poder de las respuestas automáticas.

Si tienes un negocio de marketing en Internet o un negocio en línea, probablemente te has cansado de responder a la interminable cantidad de correos electrónicos que recibes a diario. La mayoría de las empresas reciben cientos de correos electrónicos al día, muchos de los cuales son preguntas de clientes y clientes potenciales. Si te has cansado de responder a los correos electrónicos, deberías buscar un auto contestador y descubrir cómo puede funcionar para ti y ahorrarte un montón de tiempo precioso.

Cuando alguien envía un correo electrónico, espera recibir una respuesta instantánea. Aunque puedes satisfacer esta demanda con algunos correos electrónicos, puede ser muy difícil enviar un correo electrónico a más de 100 personas, especialmente cuando tienes cientos de otras cosas que hacer en el día. Siempre puedes contratar personal adicional para responder los correos electrónicos, o trabajar más horas tú mismo. Estas opciones pueden ser buenas para algunos, aunque muchos deciden usar el poder de un auto contestador en su lugar.

Como la mayoría de nosotros ya sabemos, los correos electrónicos son muy importantes para los negocios. Nos dan una forma de comunicarnos con otros en Internet, enviando mensajes en cuestión de segundos. Los correos electrónicos también son una forma ideal para que los visitantes le den retroalimentación sobre tus productos, sitio web, y otras preocupaciones de forma gratuita. A través del uso de un auto contestador, puede responder rápidamente a los correos electrónicos y responder a cientos de correos electrónicos sin mover un dedo.

Lo que muchos no se dan cuenta es el hecho de que los auto contestadores tienen muchos otros usos además de responder a los correos electrónicos. También te dan la oportunidad de enviar correos electrónicos a clientes potenciales y clientes sobre futuros productos, ofertas especiales, muestras gratuitas y cualquier otra cosa que consideres importante para tus visitantes. También puedes ofrecer consejos y sugerencias a los afiliados, ayudándoles a vender tus productos y servicios. Además, los auto contestadores son también una excelente manera de crear confianza y una relación de trabajo con tus visitantes y clientes.

Puedes encontrar auto contestadores en varios formatos diferentes, incluyendo programas que se ejecutan a través de tu correo electrónico, scripts que operan a través del servidor de tu sitio web y programas de terceros que son alojados por servicios y proveedores de auto contestadores. Hay compañías que te ofrecerán auto contestadores gratuitos, aunque tal vez quiera ver las características antes de decidirse a probar uno. Aunque lo gratuito es bueno, normalmente hay desventajas en los programas gratuitos de los que no tendrás que preocuparte si compras uno.

Cuando cargas tu auto contestador con contenido, puedes hacer el material largo o corto, aunque debes asegurarte de que tus lectores puedan seguirlo y mantenerse al día con el material que estás enviando. Cuando un comprador potencial o un cliente actual se inscribe en tu lista, siempre debes informarles qué es lo que están suscribiendo.

Cuando envíes tu primer correo electrónico, debe ser un correo de bienvenida a los suscriptores primerizos, haciéndoles saber lo que pueden esperar recibir de tu parte en el futuro. De esta manera, los clientes se anticiparán a tus correos electrónicos. Si les das altas expectativas, ellos anticiparán tus correos electrónicos. Siempre debes hacer tus mensajes atractivos, dejando a los lectores saber que les estás ofreciendo un gran contenido con tu auto contestador al mejor precio.

El correo electrónico es una de las mejores herramientas que puedes tener con el mercadeo y los negocios, aunque los auto contestadores tienen el poder de llevar el envío de correos electrónicos a un nivel completamente nuevo. A través del uso de un auto contestador, puedes contactar instantáneamente a cientos de miles de clientes, tantas veces como desees, con el clic de un botón. Puedes aprender muchas cosas acerca de tu auto contestador - todo lo que tienes que hacer es jugar con él y dejar que tu creatividad tome el control.

Auto-responder de correo electrónico.

Aquellos de ustedes que deseen tomar el control de su negocio en Internet con tareas automatizadas necesitan un sistema de respuesta automática por correo electrónico funcional y fácil de usar. Un sistema de respuesta automática por correo electrónico se encargará de cualquier correo electrónico que reciba, y entregará automáticamente una respuesta a los clientes potenciales, cubriendo las 24 horas al día, los 7 días a la semana.

Puede configurar tu programa de respuesta automática en tu ordenador o servidor sin ningún problema. Usar tu propio programa es el camino a seguir, especialmente si quieres evitar pagar una cuota mensual a las compañías que cobran por los mismos servicios. Hay varias compañías que ofrecen servicios de autocontestado, aunque pueden resultar costosos con el tiempo.

Si decides usar tu propio programa de auto contestador de correo electrónico, puedes ahorrar mucho dinero y tiempo. Estos programas agilizarán tu negocio, liberando tu tiempo para concentrarte en otras áreas importantes. Puedes dejar que tu programa de correo electrónico maneje las respuestas y el seguimiento de los correos electrónicos, mientras trabajas en hacer que otras ideas funcionen o simplemente salir y pasar tiempo con tu familia.

Un auto contestador de correo electrónico puede ayudarte a generar miles de clientes potenciales en poco o nada de tiempo. Con muchos clientes potenciales, llega el dinero. Aunque no estés de acuerdo, una lista de clientes es lo que lleva al dinero. Si no tienes una lista de clientes o una base de datos, es probable que no hagas muchas ventas. Tener clientes a los que enviar correos electrónicos y productos es una ventaja, especialmente cuando se tiene en cuenta el hecho de que los clientes hacen tu negocio. Sin clientes, no ganarías nada de dinero.

Cuando uses un auto contestador con tu sitio web, siempre debes incluir una caja de suscripción para los visitantes que deseen registrarse. De esta manera, cualquier persona que visite su sitio web y desee aprender más acerca de tus productos u ofertas, puede inscribirse fácilmente. Tu auto contestador enviará instantáneamente un correo electrónico, que a su vez te ayudará a construir tu lista de clientes. Para sobrevivir en el mundo de los negocios en línea, necesitarás tener una lista de clientes. Los auto contestadores te ayudarán a administrar tu lista y a hacerla crecer al mismo tiempo.

Todos los que tienen un negocio en Internet siempre están buscando mejores formas de hacer negocios. Los auto contestadores de correo electrónico hacen las cosas más fáciles que nunca, ayudándote a minimizar tu rutina diaria al manejar el soporte de correo electrónico por ti. También ahorrarás dinero al usarlos, simplemente porque no perderás tu tiempo contestando correos electrónicos. Al final, los auto contestadores de correo electrónico también te ayudarán a obtener mejores beneficios. Aunque te costarán dinero, los resultados que te den superarán con creces el costo.

Empezando con las respuestas automáticas.

Si acabas de empezar tu negocio en línea o has decidido entrar en el marketing de afiliados, estarás buscando ganar dinero. Ganar dinero en la red con tu nuevo negocio puede ser un poco difícil, a menos que tengas un auto contestador. Un auto contestador es la forma ideal de llevar a cabo tu negocio diario, ahorrándote bastante tiempo y dinero.

Si no tienes mucho dinero para gastar, hay lugares en Internet donde puedes obtener un auto contestador de forma gratuita. Ten en cuenta que, si no compras tu auto contestador, los gratuitos normalmente tienen sus desventajas. La desventaja más común de los auto contestadores gratuitos son los anuncios en tus correos electrónicos, los cuales muy probablemente enviarán a tus clientes una idea equivocada.

Cuando recibas tu auto contestador, lo primero que tendrás que hacer es configurarlo con mensajes o artículos relacionados con tu negocio. De esta manera, cuando envíes correos electrónicos o mensajes, estarás enviando material relacionado con tu negocio o productos. Deberías intentar escribir algunos propios si puedes, lo que te ayudará a empezar en la dirección correcta.

Cuando cargues tu auto contestador, deberías intentar cargarlo con al menos 52 mensajes. De esta manera, tendrás algo que enviar para cada semana del año. Si tienes problemas para cargar tu auto contestador con tantos mensajes o artículos, hay lugares en línea donde puedes obtener tu material de forma gratuita. Si simplemente no tienes tiempo, siempre puedes comenzar con unos pocos mensajes y luego regresar y agregarlos más tarde.

Una vez que tengas tu auto contestador precargado con mensajes o artículos, necesitarás configurar tu firma. Tu firma aparecerá en la parte inferior de cada mensaje que envíe tu auto contestador, y debería ser tu nombre y el enlace a tu negocio. También puedes añadir una breve descripción de tu negocio, que permitirá a los clientes o interesados conocer un poco de información sobre tu negocio. Tu nombre y el enlace a tu negocio serán de gran ayuda, para que tus clientes sepan que eres profesional.

Una vez que tengas todo listo, todo lo que necesitas hacer es empezar a enviar correos electrónicos. Tu auto contestador puede configurarse para enviar mensajes automáticamente. También puede enviar correos electrónicos diariamente, semanalmente o mensualmente si lo prefiere. Casi todos los auto contestadores son flexibles, fáciles de usar y enviarán tus mensajes cuando tú lo decidas. Una vez que tu lista de suscriptores comience a acumularse, y recibas más direcciones de email en tu auto contestador, verás rápidamente que es muy beneficioso. Después de que hayas usado tu auto contestador por unos meses, no podrás imaginar tu negocio sin él.

Facilitar los negocios con los Auto-responder.

Si acabas de empezar tu negocio en línea o has decidido entrar en el marketing de afiliados, estarás buscando ganar dinero. Ganar dinero en la red con tu nuevo negocio puede ser un poco difícil, a menos que tengas un auto contestador. Un auto contestador es la forma ideal de llevar a cabo tu negocio diario, ahorrándote bastante tiempo y dinero.

También conocido como mailbots, correo electrónico y bajo demanda, y correo electrónico automático, estas herramientas pueden ayudarle a poner tu negocio en piloto automático y pasar más tiempo haciendo otras cosas. Los auto contestadores son excelentes ya que están diseñados para responder automáticamente a cualquier correo electrónico que reciban con una respuesta instantánea.

A lo largo de los años, las auto contestadoras han aumentado bastante su popularidad. Son más conocidos por sus respuestas automáticas de correo electrónico, que te ahorrarán mucho tiempo. Usando uno de estos programas, no tendrás que pasar incontables horas respondiendo correos electrónicos de nuevo. Puedes sentirte libre de hacer otras cosas y saber siempre que tus clientes tienen acceso a la información que necesitan en cualquier momento que lo deseen.

Para poner tu negocio en piloto automático, todo lo que necesitas hacer es tener tu copia lista y cargarla en tu auto contestador. Una vez que un comprador potencial o un cliente actual envíe un mensaje a la dirección de tu auto contestador, la información que está buscando le será entregada automáticamente. Los auto contestadores son muy rápidos, entregan la información por correo electrónico en cuestión de segundos.

Los auto contestadores también pueden ayudarle a enviar cursos gratuitos, artículos e información, informes sobre sus productos y servicios, listas de precios, cartas de bienvenida y de agradecimiento, confirmar pedidos y comunicar a otros sus tarifas de publicidad. Puedes preestablecer información en tu Auto-responder, para que envíe automáticamente la información cuando alguien la solicite.

A diferencia de los mensajes de correo electrónico masivo, los auto contestadores pueden ser configurados según tus especificaciones. También puedes enviar mensajes personalizados con ellos, lo que hará que tu cliente sienta que el correo electrónico fue hecho específicamente para él. Los auto contestadores también harán un seguimiento de los correos electrónicos, para asegurar que obtengas una venta. Los mejores auto contestadores que existen te notificarán cada vez que alguien haya solicitado tu información, para que sepas cuándo tienes clientes potenciales.

También puedes actualizar tus mensajes de auto contestador cuando quieras. De vez en cuando, a medida que recibas nuevos productos o información para enviar a tus clientes, puedes actualizar tu registro. Cuando se lleva un negocio, es muy importante que mantengas a tus clientes al día. De esta manera, tus clientes sabrán que tienes nuevos productos disponibles y listos para comprar. Si tienes una buena relación con ellos, se anticiparán a tus nuevas ofertas.

Si tienes un negocio en Internet, un auto contestador puede hacerte la vida mucho más fácil. Puedes dejar que tu auto contestador que se encargue de la mayoría de las tareas, incluyendo el soporte técnico y el envío de información sobre tu empresa y tus productos. Hoy en día, los auto contestadores son las mejores herramientas para los negocios en línea, ya que te dan mucho tiempo libre para otras cosas.

Impulsar el negocio con los Auto-responder.

Hoy en día, casi todo el mundo está familiarizado con un auto contestador, aunque muchos no saben por qué son beneficiosos para las empresas. Si no estás familiarizado con los Auto-responder, probablemente te sorprenderías con ellos. Un auto contestador puede ayudar a tu negocio enviando automáticamente un correo electrónico a tus clientes con un mensaje preestablecido que te ayudará a aumentar tus ventas.

Un auto contestador puede ayudar a tu lista de clientes a crecer, incluso enviar a cada uno de ellos su propio mensaje de email personalizado. Si lo desea, también puede hacer un seguimiento de cada correo electrónico individual con correos electrónicos repetidos, variando el contenido siempre que lo desees. Estos programas también te permitirán hacer un seguimiento de las conversaciones, y enviar mensajes de correo electrónico de difusión cada vez que tengas noticias o nuevos productos que ofrecer a tus clientes.

Como se ha demostrado en investigaciones anteriores, el correo electrónico personalizado de auto contestadores es una gran manera de impulsar tu negocio. Cuando envías un email personalizado a uno de tus clientes, el auto contestador puede dirigirse a él o ella por su nombre, lo que siempre hace que un cliente se fije en él. Mientras, podrías hacer esto tú mismo usando el correo electrónico tradicional, podría tomarte unas horas si tiene una larga lista de clientes.

Los auto contestadores hacen que el envío de correo electrónico personalizado sea muy fácil. Todo lo que necesitas hacer es configurar tu plantilla de correo electrónico, y luego seleccionar dónde quieres que vaya el nombre. Puedes agregar a todos los clientes de tu lista al auto contestador, lo que hace que el envío de emails sea muy sencillo. Una vez que tengas todo listo, todo lo que necesitas hacer es enviar los emails con un simple clic. Lo mejor de todo es que no tienes que configurarlo de nuevo cuando necesites enviar mensajes de difusión.

Aunque hay algunas personas que comprarán productos después de uno o dos correos electrónicos, la mayoría de la gente requiere unos siete u ocho correos electrónicos antes de comprar algo. Los Auto-responder pueden ayudarte en esto, ya que ellos harán todo el envío por ti. No tienes que seguir enviando correos electrónicos manuales o algo así. Todo lo que necesitas hacer es configurar la dirección de correo electrónico, escribir tu mensaje preestablecido, y luego sentirte libre de enviarlo tantas veces como quieras.

A través del uso de un auto contestador puedes realmente impulsar tu negocio. Si diriges un negocio de marketing en Internet, esta herramienta será invaluable. Puedes pasar menos tiempo enviando mensajes y más tiempo haciendo lo que te gusta. Si nunca antes has probado un auto contestador, debes comprobar todo lo que hará por ti y por tu negocio. Los negocios en línea pueden recibir muchos correos electrónicos diariamente, y es ahí donde el auto contestador comenzará a brillar y a mostrarte cuán valioso es realmente.

Formas innovadoras de usar el Auto-responder.

En el mundo de la comercialización por Internet y los negocios en línea, una de las tareas más difíciles de realizar es la administración efectiva de tu tiempo con tus tareas cotidianas. Sin embargo, usando un poco de creatividad, puedes usar un auto contestador a tu favor y reducir drásticamente tu carga de trabajo.

Se puede ganar mucho dinero y ahorrar mucho tiempo a través del uso de un auto contestador. Hay varias maneras en las que puedes usar un auto contestador para tu ventaja.

Una forma innovadora de usar tu auto contestador es usarlo con tus testimonios. Si no tienes espacio en tu sitio para agregar tus testimonios a tu copia de anuncios, puedes agregarlos a tu auto contestador. Si eliges agregarlos a tu respondedor, siempre debes asegurarte de incluirlos todos. Se verá más profesional, y permitirá que otros sepan más acerca de sus productos.

También puedes elegir usar todo tu sitio web en formato de auto contestador. Aunque esto puede sonar tonto para algunos, en realidad es una idea innovadora que realmente funciona. No todos los visitantes tendrán tiempo de leer su sitio web; a menudo tienen que irse antes de que puedan leer realmente lo que tienes para ofrecer. Si pones tu sitio web en formato de auto contestador, puedes enviar por correo electrónico trozos de tu sitio a clientes potenciales para que puedan seguir leyendo cuando tengan tiempo.

Otra forma innovadora de usar tu auto contestador es incluyendo tus términos y condiciones. A menudo, los clientes potenciales no tienen suficiente tiempo para leer tus términos y condiciones.

Los términos y condiciones son muy importantes, por lo que nunca está de más incluirlos en un correo electrónico. Los términos y condiciones que envías por correo electrónico podrían incluir la copia exacta de tu sitio web, o información detallada sobre tus políticas de devolución, compras, reembolsos y cualquier otra cosa que pienses que un cliente potencial quiera saber.

Hay muchas otras maneras en las que puedes usar tu auto contestador. Todo lo que necesitas hacer es poner un poco de creatividad en ello, y probablemente te sorprenderás con todas las cosas que puedes hacer con los auto contestadores. Son muy populares en el mercadeo por Internet y en los negocios en línea en estos días, y por una buena razón. Si te has cansado de tener que manejar cada aspecto de tu negocio en línea, ahora es el momento de invertir en un auto contestador. Son fáciles de usar y muy asequibles, lo que los convierte en algo que ningún negocio debería prescindir.

Ganar dinero con los Auto-responder.

Hoy en día, los auto contestadores son una gran herramienta de seguimiento. Puedes configurarlos a tu gusto, ya que son fáciles de configurar y contienen muchos mensajes preestablecidos. A pesar de que son muy populares, mucha gente no ve el poder que tienen y por lo tanto nunca los usan.

Lo primero que hay que hacer es asegurarse de que tu sitio tenga un formulario de inscripción. Un formulario de registro es una manera obvia de usar un auto contestador, pero mucha gente no piensa en ello. Cada día que tu sitio web atrae visitantes, muchos de nosotros regresamos. Si pones un formulario de inscripción en tu sitio, ellos pueden inscribirse y convertirse en un contacto. De esta manera, tu base de clientes crecerá con cada día que pase. De esta manera, puedes mantenerte en contacto con tus clientes, e incluso aumentar tu audiencia con el tiempo.

También puedes dar informes o e-books gratuitos. En realidad, es una tarea fácil intercambiar informes o e-books por la dirección de correo electrónico de alguien. Aunque no tengas un sitio web, puedes hacer que el informe o libro electrónico gratuito esté disponible haciendo que la gente envíe correos electrónicos en blanco a tu auto contestador. Al hacer esto, construirás una lista de clientes y sacarás tu informe a la luz, lo que puede ayudarte a ganar dinero.

También puedes elegir publicar una revista electrónica. Para hacerlo, necesitarás cargar tu auto contestador en un curso que contenga varias partes. De esta manera, tus clientes recibirán tus informes y material en secciones. También puedes construir una base de clientes de esta manera, y eventualmente recomendarte a sus familiares y amigos. Una vez que tengas una relación y tus clientes empiecen a confiar en ti, puedes enviarles información para otros productos.

También puedes usar los auto contestadores como curadores. Cuando envíes un correo electrónico, pídele al destinatario que pase tu correo electrónico a sus familiares y amigos. A medida que ellos pasen tus correos electrónicos, ganarás más suscriptores. Aunque tendrás que empezar con poco cuando empieces, verás que tu lista de clientes crecerá en poco tiempo.

Las respuestas automáticas también son excelentes para usarlas con las respuestas de los clientes. Los Auto-responder son muy útiles, y pueden responder una gran parte de sus preguntas técnicas. Siempre que alguien te envíe un correo electrónico que necesite asistencia al cliente, simplemente responde con un mensaje de auto contestador que conlleva muchos de los problemas más comunes. Muchos clientes encuentran esto muy útil, ya que es probable que cubra el problema que están experimentando.

Los auto contestadores también son útiles para las actualizaciones del sitio. Si actualizas tu sitio regularmente, puedes utilizar un auto contestador con las personas que quieran estar informadas cuando tu sitio se actualice. Con un auto contestador, todo lo que tienes que hacer es enviar un correo electrónico de difusión y todos serán informados al mismo tiempo.

No importa cómo lo mires, un auto contestador puede ayudarte a obtener beneficios, así como hacer tu vida mucho más fácil. Son fáciles de usar, y funcionarán muy bien con tu sitio web. Si operas varios sitios web, simplemente debes tener uno de estos. Una vez que uses un auto contestador, nunca querrás volver a encontrarte sin uno. Si estás interesado en descubrir lo fácil que pueden hacer tu vida, todo lo que tienes que hacer es intentarlo.

La magia de las respuestas automáticas.

La mayoría de los que visitan un nuevo sitio web no tienen intención de comprar nada. La mayoría de las veces, los que visitan nuevos sitios están navegando por Internet en busca de información, y resulta que se tropiezan con tu sitio web. Sin embargo, hay algunos compradores impulsivos, compradores que comprarán en tu sitio en la primera visita. Aunque la mayoría de los visitantes se irán sin comprar nada, te preguntarás por qué el contador de visitas sigue aumentando y las ventas no mejoran.

En la mayoría de los casos, se necesitan varias visitas a nuestros productos o servicios antes de que alguien decida comprarlos. Para aprovechar al máximo tus ventas, necesitarás una forma de hacer un seguimiento de tus visitantes varias veces. Una lista de correo electrónico es una forma de hacerlo, ya que puede mostrar tu producto al mismo mercado tantas veces como quieras.

Para manejar exitosamente una lista de suscriptores de email, necesitarás algo conocido como un auto contestador. Un Auto-responder es un gran activo para tu sitio web, ya que puedes manejar virtualmente cualquier email que recibas. Puedes pensar en estas herramientas como vendedores que nunca se enferman y siempre están ahí para responder a los correos electrónicos 24 horas al día, los 7 días a la semana. También harán un seguimiento de tus clientes cuando les instruyas para hacerlo, continuando también con la adición de información a tu base de datos.

Los auto contestadores son herramientas muy útiles a las que la gente puede suscribirse. También puedes capturar y administrar bases de datos de correo electrónico que recoges del tráfico de tu sitio web. Una vez que te haya registrado en tu cuenta de auto contestador, puedes utilizar un formulario de registro y capturar tanto el nombre como la dirección de correo electrónico de cualquiera de los visitantes de tu sitio web. Una vez que tengas la información, puedes agregarla a tu lista de clientes para que puedas volver al cliente con información sobre tus servicios y productos.

También hay muchos otros usos para los auto contestadores. Además de enviar correos electrónicos personalizados a tus clientes, también puedes enviarles ejemplos gratuitos de tus productos, fragmentos de información útil u ofertas especiales hacia tus productos. Puedes agregar virtualmente cualquier cosa que quieras a un auto contestador, y enviarlo cuando quieras. También puedes enviar un mensaje de difusión a todos los que están en tu lista de clientes al mismo tiempo, lo que hará que tu información salga a la luz y te ahorrará mucho tiempo.

Puedes obtener un programa de auto contestador para tu sitio web en varios tipos y en varios lugares. Puede obtener guiones para agregar a su sitio web, aunque normalmente no se recomiendan. Muchos prefieren ir con servicios de terceros, que operarán el auto contestador por ti. Este tipo de auto contestador se conoce como hospedaje remoto, y resulta muy beneficioso para aquellos que no quieren operar el auto contestador por sí mismos.

Si quieres operar el auto contestador por ti mismo, siempre puedes usar programas de auto contestador alojados localmente. Estos programas te permitirán ejecutar el respondedor por ti mismo, dándote un control completo y total. Para hacerlo de esta manera, necesitarás comprar un programa de auto contestador y luego configurarlo ya sea en tu computadora o a través de tu sitio web.

Para comenzar en la dirección correcta, todo lo que necesitas hacer es encontrar un auto contestador. Para encontrar uno, todo lo que necesitas hacer es ejecutar una búsqueda con un motor de búsqueda como Google. Recibirás cientos de resultados diferentes, incluyendo programas gratuitos. Sin embargo, siempre debes evitar los auto contestadores gratuitos, ya que los programas por los que pagas te darán mucho más a cambio.

Escribir mensajes de seguimiento para los Auto-responder.

Cuando se trata de hacer una venta usando tu auto contestador, los mensajes de seguimiento son muy importantes. Para mantenerlos interesados y eventualmente hacer la venta, necesitarás crear algunos mensajes de seguimiento innovadores y a la vez cautivantes.

Cuando empieces a escribir tu mensaje, tendrás que inventarte unos titulares convincentes. Los titulares convincentes llamarán la atención de los lectores, haciéndoles sentir entusiasmados al leer el resto de su mensaje. Si envías un mensaje con un titular de mala calidad, lo más probable es que tus lectores sólo echen un vistazo al correo electrónico y no le presten mucha atención.

También puede llamar la atención de tus lectores enviándoles mensajes personalizados con sus nombres y otros detalles. Hay varios auto contestadores que personalizan los mensajes mediante la inserción de códigos. Cuando envías un mensaje, el código se reemplaza con la información personal del suscriptor. Al recibir el correo electrónico, el lector verá tu información personal en lugar del código.

El primer mensaje que se envía es normalmente un mensaje de introducción. Este mensaje debe estar orientado a dar a los lectores lo que deben esperar de tus mensajes. También puedes mencionar información sobre tu empresa y tus productos. Tu mensaje de introducción es muy importante, ya que marca el ritmo de los mensajes que siguen.

Cuando envíes el segundo mensaje, debes informar a los lectores sobre tus productos y servicios. Asegúrate de explicar lo que hacen tus productos y cómo pueden beneficiarse tus lectores al utilizarlos. Luego, en los mensajes que siguen, debería poner más énfasis en tus servicios y productos. Deberías tratar de convencer a los lectores de que simplemente deben tener tus productos y que están por encima de los demás.

Para asegurarte de que consigas una venta, debes incluir comparaciones entre lo que ofreces y lo que ofrecen los competidores. De esta manera, mostrarás a los clientes potenciales que eres realmente el mejor, con las mejores características y los mejores precios. Una vez que tengas unos pocos clientes satisfechos, comenzarás a construir tu credibilidad. Si un cliente está satisfecho, te lo hará saber y a los demás, también. Una vez que un cliente haya elogiado tus productos, puedes añadirlo a un testimonio y enviarlo en un futuro mensaje de seguimiento.

Cuando termines un mensaje, asegúrese de dejar un adelanto para el siguiente mensaje. De esta manera, tus clientes esperarán recibir tu próximo mensaje. También debes tejer cuidadosamente los mensajes con respecto a tu información de contacto y de pedido, para que los lectores puedan hacer un pedido sin problemas. Si dedicas tiempo y reflexión a tus mensajes de seguimiento, empezarás a acumular clientes y ventas en muy poco tiempo.

Investigando a los Auto-responder.

Si estás en el negocio de la comercialización de Internet o si diriges un negocio en línea, un auto contestador puede marcar la diferencia. Pueden manejar la mayoría de tus preguntas de soporte técnico y solicitudes de información, enviando mensajes automatizados a los clientes interesados. Cuando reciban un correo electrónico, responderán instantáneamente con un mensaje preestablecido. Esto puede ahorrarles bastante tiempo, especialmente si reciben muchos correos electrónicos diariamente.

Cuando compras uno de estos tipos de programas de auto contestador, siempre debes investigar y averiguar todo lo que puedas. Hay muchos programas que puedes comprar, muchos de los cuales te ofrecerán grandes características a un gran precio. Comprar tu programa es el camino a seguir, especialmente si tienes una imagen que mantener. Una vez que hayas encontrado un programa y lo compres, será tuyo mientras decidas usarlo.

Si buscas un auto contestador alojado remotamente, tendrás que buscar los mejores precios y servicio, esto es algo imprescindible a la hora de comprar. Estarás tratando con una compañía que tiene control sobre la dirección del auto contestador, lo que significa que tu nombre de dominio no aparecerá en los correos electrónicos que envíes usando el auto contestador. Esto puede ser bueno para algunos, aunque muchos prefieren tener tu nombre en sus correos electrónicos.

Cuando todo se reduce a esto, siempre debes investigar un auto contestador antes de decidir hacer una compra o usar un programa gratuito. Hay varios para elegir, aunque algunos son muy superiores a otros. Si te tomas el tiempo e investigas lo que cada uno tiene para ofrecerte y cuánto te costará, terminarás con un auto contestador que probará ser más que digno del costo.

Auto-responder de correo electrónico alojados localmente.

Los Auto-responder locales, son auto-contestadores que se alojan a través de su propio servidor web. Normalmente, son scripts o programas que necesitas tener instalados en tu servidor web. A menudo requieren que tengas una base de datos, como SQL 2000 o mySQL. También requieren que compres o alquiles programas o scripts que fueron escritos en ASP, Perl, o PHP.

Una de las mejores cosas de los auto contestadores de email alojados localmente es el hecho de que eres el dueño del programa. Una vez que has comprado el software, lo posees por el resto de tu vida. De esta manera, no tienes que preocuparte por ningún otro cargo. No tendrás que pagarle a una compañía para que lo maneje, lo cual te ahorrará mucho dinero a largo plazo. Tampoco hay cargos mensuales, lo que hace que los respondedores de correo electrónico alojados localmente sean mucho mejores que los alojados a distancia.

Siempre que la condición de la licencia lo permita, podrías ejecutar el respondedor de correo electrónico en varios sitios. Algunos te permitirán ejecutar múltiples copias en varios sitios web diferentes, mientras que otros requieren que pagues una pequeña cuota para actualizarse primero. Si planeas ejecutar varias copias, primero debes averiguar con cuántas copias o cuántos sitios web puedes utilizar el software, antes de realizar una compra. De esta manera podrás determinar el verdadero costo del software y si es adecuado o no para ti.

Teniendo en cuenta el hecho de que tú mismo ejecutarás los respondedores de correo electrónico alojados localmente, tendrá más control que el que tendría con un respondedor de correo electrónico remoto. Los respondedores de correo electrónico alojados localmente te dan más control sobre la base de datos y una mejor gama de características de personalización. De esta manera, puedes configurar las cosas a tu gusto y tener la seguridad de que tienes el control total.

Algunos programas de respuesta de correo electrónico alojados localmente te permitirán personalizar aún más el guión para que se ajuste a tus necesidades. Puedes hacerlo tú mismo, si sabes lo suficiente sobre los lenguajes de programación, o simplemente pagar a alguien para que lo haga. Si el programa que estás usando o planeas usar permite la personalización, puedes ajustarlo a tu gusto.

A través de Internet, hay varios respondedores de correo electrónico alojados localmente que puedes conseguir. Algunos de los mejores incluyen Post Master, Send Studio e Intellisponder Pro. Hay otros grandes programas por ahí, aunque te costará dinero usarlos. Una vez que los compres, son tuyos mientras los uses. Cuando consideres lo que es mejor para tu negocio en línea, no puedes descartar el poder y las características que te proporcionará un servidor de correo electrónico alojado localmente.

Te ves bien con las respuestas automáticas.

Cuando alguien envía un correo electrónico, preferiría recibir una respuesta inmediata. Aunque la mayoría de las respuestas llevan tiempo, los clientes y compradores potenciales prefieren obtener su respuesta inmediatamente. Para dar una respuesta inmediata a un correo electrónico, puedes utilizar un auto contestador. Son una gran manera de hacer saber a alguien que has recibido su correo electrónico, y que te estás ocupando de su solicitud. Los mensajes de auto contestador pueden ser personalizados, y se ven mucho mejor que las simples páginas de agradecimiento.

Algunos comerciantes de Internet utilizan sus auto contestadores para ahorrarse tiempo y hacer que sus clientes se sientan un poco más tranquilos hasta que tengan tiempo de ocuparse de la solicitud o el asunto. Si configuras tu auto contestador en tu cuenta de correo electrónico, verás que hay muchas ventajas, aunque la mayor ventaja es responder a las preguntas del correo electrónico y actuar como soporte técnico.

Tu auto contestador puede actuar como soporte técnico para tu negocio respondiendo cualquier pregunta que recibas por correo electrónico. Para que esto funcione más fácilmente, siempre puedes agregar respuestas sobre la marcha o simplemente incluir las respuestas preestablecidas más comunes en tu auto contestador. Si tu sitio web tiene una página de soporte técnico, puedes incluir diferentes direcciones para cada pregunta específica. Cuando un cliente envía un correo electrónico a la dirección, el auto contestador del otro extremo le enviará automáticamente la respuesta.

Usar un auto contestador para responder a sus preguntas por correo electrónico puede reducir drásticamente la cantidad de correos electrónicos que necesitas responder. En lugar de tener que esperar tu respuesta, tu cliente recibirá una respuesta instantánea. A los clientes les encanta recibir respuestas instantáneas, lo cual es una de las principales razones por las que los auto contestadores son tan populares entre los negocios en línea y el marketing en Internet. Si los clientes empiezan a hacer preguntas para las cuales tu auto contestador no está configurado, puedes agregar fácilmente respuestas en cualquier momento que lo necesites.

No importa cuál sea la pregunta, puedes usar un auto contestador para responderla. Con la mayoría de los auto contestadores, sólo tienes que escribir la respuesta a una pregunta u otra información en un archivo de texto. También puedes incluir una sección de respuestas en tu sitio web, donde los clientes harán sus preguntas. Si lo configuras de manera que incluya un formulario de correo, puedes agregar varias páginas a la sección de respuestas. Una vez que el cliente envía la pregunta, el auto contestador debe enviarle inmediatamente una respuesta.

Para un negocio de Internet en crecimiento, un auto contestador es imprescindible. Si tratas con muchos clientes, encontrarás que esta herramienta es muy beneficiosa. No importa qué tipo de compañía tengas en línea, un auto contestador te ayudará a sobresalir entre la multitud y te mantendrá con una buena apariencia día y noche. Cuando los clientes te envíen un correo electrónico y obtengan una respuesta inmediata, no lo olvidarán.

Secretos del éxito con los Auto-responder.

El mundo del marketing de afiliación puede ser muy desafiante, aunque también muy gratificante. A lo largo de Internet, hay cientos de miles de vendedores afiliados que ganan mucho dinero vendiendo productos de otras personas. Algunos vendedores hacen muchas ventas de la noche a la mañana, dejando que otros vendedores se pregunten cómo lo hicieron.

El marketing de afiliados es, en efecto, una buena manera de ganar dinero extra, o mucho dinero si eres competente en ello. Si estás empezando, puedes pensar que no hay ningún potencial. Sin embargo, los que tienen mucha experiencia, tienen miles de clientes. Una vez que un comercializador afiliado ha estado en el negocio el tiempo suficiente, no es sorprendente verlo con 10 o 20,000 clientes.

Casi todos los vendedores afiliados exitosos han usado un auto contestador en algún momento. Un auto contestador puede hacer el negocio sea mucho más fácil, y te permite contactar a todos tus clientes potenciales con un solo clic. Ya no pases horas o días enviando emails o respondiendo preguntas, los Auto-responder se encargan de todo eso y mucho más.

Cada vez que tienes un nuevo producto, todo lo que hay que hacer es escribir una reseña sobre él, añadirlo a la página de difusión de tu Auto-responder, hacer algunos ajustes, personalizarlo para tus clientes, y luego enviarlo a todos los de tu lista de clientes con el clic de un botón. Si tienes un Auto-responder de seguimiento, mantendrás tu mensaje en marcha.

Ten en cuenta que te llevará mucho tiempo crear una gran base de clientes. El uso de un Auto-responder puede acelerar el proceso, ayudarte a ahorrar tiempo y a administrar tu lista. Una vez que consigas tu primer cliente, puedes estar seguro de que te seguirán muchos más. Como todos sabemos, los clientes de tu lista te llevarán a ganar mucho dinero con el marketing de afiliación. Si no tienes ningún cliente, simplemente no puedes ganar dinero.

A través de Internet, hay muchas compañías y negocios que ofrecen programas de marketing de afiliación. Todo lo que tienes que hacer es ponerte en contacto con la compañía y averiguar información sobre su programa, y luego empezar a vender sus productos. Puedes hacer una comisión con cada venta, usando tu Auto-responder para hacer más del 50% del trabajo. Ganar dinero no es más fácil que el marketing de afiliados y los Auto-responder.

Si ya tienes un sitio web y compañías con las que estás afiliado, deberías empezar a construir tu lista de clientes opt-in lo antes posible. Una vez que tengas algunos clientes en tu lista, deberías dejarles un email o un mensaje cada semana más o menos. Puedes enviarles información, consejos o simplemente un boletín general. Si te tomas el tiempo de enviarles mensajes, mantendrás una buena relación con ellos y seguirán regresando.

Tipos de Auto-responder para la comercialización en Internet

Si tienes un nombre de dominio, puede utilizar tantas respuestas automáticas como desees, todas las cuales coincidirán con tu nombre de dominio. Cuando utilices un programa alojado remotamente, no podrás utilizar tu nombre de dominio con el Auto-responder. En su lugar, recibirá una dirección del proveedor que se asemeje a tu enlace. Esto puede ser estupendo para algunos, aunque muchos prefieren tener sus propios nombres de dominio en el programa de respuesta automática.

Si usas tu propio nombre de dominio con tu Auto-responder, normalmente puedes mantener en secreto que estás usando un Auto-responder. Cuando envías correos electrónicos usando tu Auto-responder, éste mostrará el correo electrónico de tu sitio web, lo que hace muy difícil detectar un Auto-responder.

Esta puede ser una gran manera de usar tu Auto-responder, especialmente si no quieres que tus clientes sepan que estás usando uno.

Debes pensar en esto desde su perspectiva: si fueras tu cliente, probablemente no querrías recibir mensajes de un Auto-responder. En cambio, querrías recibir tus correos electrónicos y mensajes de alguien real, dándote una completa atención individual.

Si estás empezando con tu empresa y tienes un presupuesto limitado, un Auto-responder alojado remotamente puede ser la mejor solución. Puedes usarlo hasta que obtengas más dinero y vuelvas al camino, aunque no deberías usarlo a largo plazo. Los programas alojados remotamente pueden volverse caros muy rápidamente; ya que los cargos mensuales lo añadirán rápidamente cada mes que uses el programa.

Aunque se prefieren los Auto-responder alojados localmente, tienen desventajas. Algunos tipos limitarán el número de dominios en los que puedes instalarlos. Aunque, tienes control total sobre el programa, los programas alojados localmente no tienen tantas características como los alojados remotamente.

Aunque hay 3 tipos principales de Auto-responder, el tipo que elijas dependerá de tu sitio web y de tus necesidades. La mejor idea para ti puede ser completamente inútil para otra persona. Cuando tomes tu decisión final, siempre debes decidir qué necesitas para tu empresa, y luego elegir un Auto-responder que funcione mejor para ti.

Acerca de los Auto-responder.

A través de Internet, los Auto-responder es son una excelente herramienta de promoción. Aunque el nombre técnico es Auto-responder, otros nombres conocidos incluyen auto correo electrónico, mailbot, y email respondedor. Un Auto-responder es una gran manera de ahorrar tiempo, ya que responde a cualquier mensaje con una respuesta automática.

Los Auto-responder pueden variar desde mensajes que pasan por el correo electrónico hasta scripts que están programados para ejecutarse en servidores. Todos los tipos de Auto-responder funcionan de la misma manera, ya que enviarán un mensaje automáticamente cuando se reciba un mensaje. Dependiendo del mensaje que reciban, enviarán el mensaje de retorno correcto. Esto puede ser determinado por el guión o la dirección de correo electrónico.

Aunque son excelentes por razones de promoción, también se abusa de ellos ampliamente en toda la Internet. Los Auto-responder son excelentes para usar en sus tareas diarias, ya que básicamente harán todo el trabajo por ti. Por otro lado, también pueden ser bastante desastrosos para aquellos que entran en contacto con ellos.

Cuando envías tu sitio web a los motores de búsqueda, directorios o clasificados, nunca debes intentar usar una dirección de Auto-responder. La mayoría de estos tipos de sitios web utilizan los mismos Auto-responder, cuando envían sus mensajes. Si tu Auto-responder envía un mensaje a su Auto-responder, ellos continuarán respondiendo, lo cual puede ser muy molesto.

Los Auto-responder pueden ser muy buenos para usar, aunque también pueden ser un peligro. A menudo, con los grupos de suscripción o las revistas electrónicas, puede ser muy difícil localizar a alguien que esté usando un Auto-responder. En la mayoría de los casos, quienes usan un Auto-responder no tienen la misma respuesta o dirección que tenían cuando se suscribieron. En casos como éste, puede llevar bastante tiempo y esfuerzo localizar la dirección.

Si cuidas tu Auto-responder y lo usas para suscribirte al correo electrónico, debería ir todo bien. Un Auto-responder puede hacer un mundo de diferencia para tu negocio, ahorrándote mucho tiempo y esfuerzo. Los Auto-responder son fáciles de configurar y fáciles de usar, lo cual es una gran noticia para cualquiera que no sea técnico en Internet. Por el precio que cuestan y lo fácil que son de operar, los Auto-responder pueden hacer tu negocio en Internet más fácil que nunca.

Uso de artículos con Auto-responder.

No es un secreto que los artículos son una gran forma de promover los productos que vendes, ayudándote a construir tu negocio y alcanzar una mayor audiencia. Los artículos deben estar llenos de información, ser fáciles de leer y entender, y proporcionar a los lectores información útil sobre el tema de interés. En la mayoría de los casos, los artículos incluirán un enlace a un sitio web, que está diseñado para vender productos o servicios relacionados con el artículo.

Normalmente, los artículos se presentan en sitios web, bancos de artículos, directorios y, a veces, también se utilizan con las revistas electrónicas. Los artículos tienen muchos usos, ya que son una de las mejores maneras de promover productos y servicios en línea. Aunque se pueden encontrar muchos usos diferentes para los artículos, uno de los mejores es con el Auto-responder. Si combinas artículos informativos con un Auto-responder, obtendrás resultados de los que podrás estar orgulloso. Los Auto-responder son muy populares en estos días, aunque pocos piensan en usarlos en combinación con artículos.

Puedes hacerlo, configurando cada uno de tus artículos con tu Auto-responder. Debes asegurarte de que cada artículo tenga su propia dirección, lo que significa que tendrás que usar un Auto-responder que te permita hacerlo. Una vez que tengas un Auto-responder que te permita hacer esto, deberías hacer una lista maestra de cada artículo que tengas, poniendo la dirección del Auto-responder al lado del título del artículo. Si lo prefieres, también puedes añadir una descripción del artículo a tu lista maestra.

Si tienes muchos artículos, mantenerse al día puede ser una tarea tediosa. Los que tienen muchos productos, normalmente tienen cientos de miles de artículos. Si vendes artículos, probablemente tengas más de los que puedas contar. En todo el Internet, la gente está buscando artículos.

Los artículos contienen información que puedes resolver problemas o describir productos. Cada día en Internet, millones de personas en todo el mundo buscan información. Esta información que buscan, normalmente es en forma de artículos.

Si anuncias todos los artículos uno por uno, te llevará bastante tiempo. Si tienes cientos para mostrar, puede tomarte semanas, incluso meses. A través del uso del Auto-responder, puedes ahorrar mucho tiempo. Mostrar una dirección con un artículo no te llevará mucho tiempo, ya que el Auto-responder hará la mayor parte del trabajo. Todo lo que tienes que hacer es poner el enlace en tu sitio web, o añadirlo a tus mensajes preestablecidos cuando envíes correos electrónicos. Los Auto-responder pueden realmente sacar tus artículos e información, todo lo que tienes que hacer es darles una oportunidad.

Uso de los Auto-responder para mantenerse al día con el correo electrónico.

Todos los negocios en línea, no importa cuán grandes o pequeños sean, tarde o temprano se verán abrumados con la cantidad de respuestas de correo electrónico que tienen que enviar a diario o semanalmente. Si ha estado buscando ayuda con sus problemas de correo electrónico, puede ser el momento de invertir en un Auto-responder. Con la ayuda de un Auto-responder, no tendrás problemas para mantenerte al día con tu correo electrónico. Todo lo que necesitas hacer es conseguir un Auto-responder y escribir los guiones. Una vez que lo hayas instalado - tu negocio estará en piloto automático y estarás libre de contestar cientos de emails.

Cada vez que un visitante de tu sitio web te envía un correo electrónico relacionado con el negocio, están buscando una respuesta inmediata. Si te tomas tu tiempo para responder o pospones el correo electrónico, el cliente potencial puede frustrarse y decidir irse con otra compañía. Si tienes un Auto-responder por otro lado, el individuo obtendrá la respuesta inmediata que está buscando. No hay que esperar, ya que la respuesta del correo electrónico se envía casi inmediatamente.

Siéntese y piense en cuánto tiempo pasa respondiendo correos electrónicos o enviándolos diariamente - es probable que sea un proceso que consume tiempo. Si recibes cientos de correos electrónicos cada día, probablemente pases varias horas revisándolos todos. Un Auto-responder se encargará de esto por ti, y te dará más tiempo para atender otras cosas. Los Auto-responder son todo acerca de la eficiencia - ya que dan a cualquier negocio exitoso una ventaja para hacer un gran uso de su tiempo, así como para hacer que sus clientes se sientan verdaderamente especiales.

Tenga en cuenta que no todos los Auto-responder están construidos de la misma manera. Cada uno de los diferentes programas de Auto-responder será diferente en términos de lo que ofrece, y algunos son mejores en ciertas situaciones. Cuando decidas comprar un Auto-responder para que te ayude con el correo electrónico, siempre debes buscar y seleccionar el programa que sea mejor para ti y tu compañía. Si comparas diferentes programas y compañías, encontrarás lo que es mejor para ti. Aunque puede llevarte algún tiempo, al final verás que vale la pena.

Cuando se trata de su negocio, no quiere correr ningún riesgo. El correo electrónico es muy importante en cualquier negocio en línea, simplemente porque es la mejor manera de comunicarse con los clientes y visitantes de su sitio web. Antes de que alguien compre algo de su empresa, normalmente se pondrá en contacto con usted por correo electrónico o hablará con alguien antes de tomar una decisión. Aunque hay algunos compradores impulsivos que comprarán algo en su primera visita, la mayoría de la gente prefiere tomarse un tiempo para pensar. En estos casos, puede usar su Auto-responder para hacer un seguimiento con ellos, enviándoles información sobre sus productos y su compañía para ayudar a persuadirlos a comprar.

Lo último en lo que hay que pensar, aunque es la primera consideración para muchos es el precio. Para encontrar las mejores características al mejor precio, tendrás que comparar. En Internet, puedes encontrar muchas respuestas automáticas diferentes, algunas de las cuales son obviamente mejores que otras. Si vas a un buscador como Google o Yahoo, puedes encontrar docenas de programas diferentes en poco o nada de tiempo. Tendrá muchos programas diferentes para revisar e investigar al alcance de su mano, todos los cuales debería al menos revisar antes de comprar su programa. Si miras todo lo que está disponible y basas tu decisión en las características y el precio, obtendrás un gran Auto-responder que te ayudará enormemente a responder a tus correos electrónicos.

Uso de Auto-responder con Marketing en Internet

Si alguna vez ha tratado con una compañía en línea o se ha suscrito a una revista electrónica u otro servicio en Internet, es más que probable que haya recibido un correo electrónico de un Auto-responder. Aunque no te hayas dado cuenta en ese momento, probablemente fue un correo electrónico que te hizo saber que el individuo al que intentabas contactar no está disponible. Aunque parece que otra persona envió el mensaje, en realidad fue enviado desde un Auto-responder.

Aunque los Auto-responder son excelentes para hacer saber a los demás que no estás disponible, son aún más valiosos cuando se utilizan como herramienta de marketing. Si has pensado en vender productos o servicios en línea o si ya tienes tu propia empresa, podrías beneficiarte enormemente de los Auto-responder. En el mundo del marketing en Internet - pocas herramientas y programas pueden competir con un Auto-responder.

Como ya lo saben muchos comerciantes de Internet, los Auto-responder son una gran manera de poner tu negocio en piloto automático y multiplicarte. Con un Auto-responder, simplemente configura tus mensajes preestablecidos y selecciona el horario en que cada mensaje individual saldrá. Cuando los mensajes salen depende de ti, puedes enviarlos diariamente, semanalmente o incluso mensualmente. También puede utilizar tantos mensajes como desee, y saber sin ninguna duda que se enviarán a los clientes de su lista cuando se supone que deben hacerlo.

Lo mejor de todo es que ni siquiera tienes que tocarlo. Esto te ahorrará mucho tiempo, ya que tu Auto-responder se encargará prácticamente de todas tus tareas de correo electrónico. También hará un seguimiento de sus clientes, ahorrándole mucho tiempo. Si tuvieras que hacer el seguimiento con todos y cada uno de tus clientes tú mismo, podría costar mucho tiempo que podrías utilizar fácilmente para otras cosas, incluso para pasar tiempo con tu familia.

Incluso si tu negocio no tiene muchos visitantes ahora, un Auto-responder puede ayudarte. Aunque no lo creas, puede hacer un mundo de maravillas. No importa cuántos visitantes tengas, siempre debes esforzarte por captar todos los opt-ins que puedas. La mejor manera de hacerlo es proporcionando productos y servicios de alta calidad que mantengan a tus visitantes intrigados. Si los mantienes intrigados, con gusto se inscribirán en tu lista con su dirección de correo electrónico y su nombre, para que puedas contactarlos con futuras ofertas. Aunque empiece siendo pequeña, tu lista de inclusión puede hacerse muy grande antes de que te des cuenta.

Una vez que tu lista haya crecido, se convertirá fácilmente en uno de los activos más valiosos de toda tu compañía. Para que su lista crezca, tendrá que responder a los correos electrónicos sobre sus productos, servicios, empresa y lo que puede hacer por sus clientes. Ya no necesitas pasar todo el día haciendo esto, ya que puedes dejar todo a tu Auto-responder. Tu Auto-responder puede responder a todas tus preguntas de correo electrónico y dar a los clientes lo que quieren - lo que ayudará a tu compañía a crecer.

Casi todos los Auto-responder te permitirán enviar mensajes de difusión a toda tu lista de clientes, entre otras cosas. También le permitirán mantenerse en contacto con sus clientes y establecer relaciones que harán que sus clientes vuelvan. No importa cuán grande o pequeña sea tu compañía, un Auto-responder es una inversión que vale más que su dinero.

FELICIDADES CON TU NEGOCIO.

www.ingramcontent.com/pod-product-compliance
Lightning Source LLC
Chambersburg PA
CBHW030538220526
45463CB00007B/2884